ÉTAT-MAJOR DE L'ARMÉE

2e Bureau

CONFIDENTIEL

ENSEIGNEMENTS

DE LA

GUERRE RUSSO-JAPONAISE

Note n° 11. — Organisation de l'Artillerie.

Mars 1906

Exemplaire n° .... remis à ....

État-Major de l'Armée

2e Bureau

Mars 1906

Confidentiel

Enseignements de la guerre russo-japonaise.

Note N° 11

Organisation de l'Artillerie

Sommaire — Pages

Organisation de l'Artillerie.

I - Proportion d'artillerie affectée aux grandes unités

Côté russe. - Dans les corps d'armée russes, les batteries d'artillerie (qui comptent 8 pièces) sont entièrement réparties entre les divisions.

Les Divisions de tirailleurs de Sibérie Orientale et les trois divisions de réserve de Sibérie étaient armées de 4 batteries seulement, soit 32 canons.

Toutes les autres Divisions furent pourvues de 6 batteries, à l'exception d'une division du Xe Corps et d'une division du XVIIe Corps, qui conservèrent les 8 batteries que leur attribuait l'organisation prévue en Europe.

Les Brigades de Tirailleurs d'Europe, dont 3 formèrent un Corps d'armée à 24 bataillons, avaient chacune 3 batteries.

De cette organisation il résulta que:

1°. - 4 Corps d'armée, dont 2 à 24 bataillons, 1 à 28 et 1 à 32 bataillons, eurent seulement 64 canons.

2°. - 1 Corps à 24 bataillons en eut 72.

3°. - 2 Corps à 32 bataillons en eurent 112.

4°. - Tous les autres corps forts de 32 bataillons en eurent 96. (Général Silvestre)

Ces chiffres ....

Ces chiffres représentent une dotation de 2 à 3 canons, 5 par bataillon d'Infanterie.

Côté japonais. – Du côté japonais, l'artillerie d'une division comprenait un régiment à 6 batteries (36 pièces). L'artillerie des 1e, 2e, 3e, 4e, 6e Divisions et de la Garde comprenait des batteries de campagne, celle des 5e, 8e, 9e, 10e, 11e, 12e Divisions, des batteries de montagne. L'artillerie de la 7e Division comprenait des batteries de campagne et de montagne.

Il existait en outre, pour l'ensemble de l'Armée, 2 brigades indépendantes à 3 régiments, soit 12 groupes qui, ajoutés aux canons pris aux Russes, représentent à peu près un groupe par Division. On avait donc une proportion d'environ 54 pièces par Division, c'est à dire 4 pièces 5 par bataillon. Cette proportion a dû diminuer au cours de la campagne par suite de la formation de régiments d'infanterie territoriaux. Le Général Lombard estime qu'elle a dû tomber à 3 pièces 8 par 1000 hommes vers la fin de la campagne.

Répartition inégale de l'artillerie japonaise. – Il s'agit d'ailleurs d'une moyenne générale les Armées agissant en plaine, disposant de plus d'artillerie que celles opérant en terrain accidenté. (Général Lombard)

D'une manière générale on peut

dire ....

dire que dans tout le cours de la campagne, la Iᵉ Armée, opérant dans la région montagneuse, ne disposa d'artillerie que dans la proportion d'une batterie (6 pièces) pour 2 bataillons.

au Yalou, 108 canons + 20 obusiers pour 36 bataillons d'infanterie.

à Liao-Yang, 114 canons (dont 6 pris aux Russes) pour 44 bataillons d'infanterie.

au Chaho, 120 canons (dont 6 pris aux Russes et une batterie de réserve) pour 46 bataillons d'infanterie.

à Moukden, 132 à 138 (dont 12 pris aux Russes et 12 à 18 de réserve + 40 pièces d'artillerie lourde) pour 52 bataillons d'infanterie.

Les IIᵉ et IVᵉ Armées disposaient d'une proportion d'artillerie un peu plus forte. (Commandant Payeur).

D'après le Général Lombard, la IIᵉ Armée n'a jamais dû avoir moins de 4 pièces pour 1000 hommes.

Infériorité de l'artillerie russe. — Il résulte de ce qui précède que la proportion organique de l'artillerie dans l'armée russe était notablement inférieure à celle de l'armée japonaise, surtout au début de la campagne. Dans ces conditions, il n'est pas étonnant que l'artillerie russe ait eu constamment le dessous dans les

premiers ....

premiers combats où les Japonais disposaient d'effectifs plus considérables et d'une plus forte proportion d'artillerie.

A partir de Liao-Yang, l'effectif de l'armée russe commença à dépasser celui de l'armée japonaise et malgré la faible proportion organique en artillerie le nombre total de pièces présentes sur le champ de bataille fut plus grand du côté russe que du côté japonais.

Au Chaho et à Moukden, la supériorité numérique de l'armée russe s'accentua aussi bien pour le nombre de bataillons que pour le nombre de pièces et cependant l'artillerie japonaise eut encore presque constamment le dessus sur l'artillerie russe.

Ce fait ne peut plus s'expliquer uniquement par l'insuffisance des dotations organiques de l'artillerie russe, il faut l'attribuer, en grande partie, au défaut d'instruction du personnel et au mode d'emploi de cette arme qui n'entrait que partiellement en action et conservait en fait, dans tous les combats, des batteries de réserve qui furent inutiles et laissèrent écraser les autres.

L'armée russe ayant perdu plusieurs batteries dans les premiers combats, les Généraux craignaient, en cas de retraite, de ne pouvoir dégager toute leur artillerie s'ils l'engageaient tout entière. Un général trouvant qu'il en

avait........

avait trop après Ausandziane, demanda et obtint qu'on en renvoyât en arrière.

Proportion d'artillerie à adopter. - Les avis émis à ce sujet par les officiers ayant suivi les opérations en Mandchourie sont résumés ci-après :

D'après le Général Silvestre, "tous les combats livrés en Mandchourie militent en faveur d'une artillerie nombreuse et font ressortir le danger de disposer d'un nombre de canons moins grand que celui de l'adversaire.

Il est indispensable sur le champ de bataille d'avoir avant tout la supériorité du feu de l'artillerie et, à valeur égale cette supériorité ne peut être donnée que par le nombre. C'est donc une question capitale que le nombre des canons de nos Corps d'armée soit égale à celui des Corps d'armée allemands."

Le Général Lombard est d'avis que la proportion japonaise (4 hommes 5 pour 1000 hommes) a paru suffisante au cours de la campagne. Il est vrai, ajoute-t-il, que l'artillerie russe, qui paraissait sur le champ de bataille, était numériquement inférieure à cette moyenne.

Enfin le Commandant Payeur émet l'avis suivant.

"La proportion d'artillerie de la 1° Armée était d'une batterie (6 pièces) pour

2 bataillons.....

2 bataillons. Cette proportion est très inférieure à celle admise dans la plupart des armées européennes. La nature montagneuse de la région dans laquelle la 1re Armée avait à opérer excluait évidemment l'emploi d'une artillerie nombreuse; néanmoins, il fut manifeste que l'artillerie n'était pas en quantité suffisante pour les fronts occupés.

La proportion d'artillerie à adopter dépend, dans une large mesure, du théâtre d'opérations probable d'une armée. Cette guerre a montré, qu'en pratique, les fronts seraient probablement plus étendus que ne l'indique le règlement. On disposera par suite de plus de place pour l'artillerie.

La répartition uniforme de l'artillerie entre les différentes unités ne paraît pas avantageuse. Les corps qui opèrent dans des régions couvertes ou montagneuses ont besoin de moins d'artillerie que ceux qui opèrent dans des régions découvertes. Les 80 canons dont disposait le Général Stackelberg dans son offensive sur le Chaho, auraient été plus utiles aux troupes qui opéraient à sa droite.

L'artillerie est une arme suffisamment mobile pour que ces changements de répartition ne soient pas trop difficiles. C'est pour faciliter ces changements qu'il paraît bon de conserver l'artillerie de corps.

On ....

On pourrait toutefois donner plus de 6 batteries à chaque Division. Dans la plupart des cas, il lui en faut plus de six.

Le nombre des batteries de l'artillerie divisionnaire devrait être augmenté, porté à 9 par exemple, en réduisant au besoin l'artillerie de corps."

II
Composition de la batterie.

Batterie à 6 pièces et batterie à 4 pièces. -

Les opinions émises à ce sujet sont contradictoires.

Les batteries russes étaient à 8 pièces (avec 12 caissons, un affût de rechange et un train régimentaire). Cette unité a été unanimement condamnée. Le Général Silvestre la déclare "très lourde et difficilement maniable"; mais, pour porter à 144 le nombre des bouches à feu de nos Corps d'armée, il se prononce pour la batterie de 6 pièces, tout en reconnaissant les avantages de la batterie de 4 pièces. La raison donnée est que "toutes les batteries sans exception pourraient ainsi participer aux manœuvres d'automne comme l'exige impérieusement l'instruction tactique de l'arme et celle du commandement. Elles seraient en mesure d'atteler, pour les manœuvres, au moins 4 pièces et les Corps d'armée manœuvreraient avec le nombre de batteries qu'ils auraient à la guerre."

D'après le Général Moulin, la batterie de 6 pièces paraît devoir être adoptée en Russie, mais ce sont des considérations de second ordre qui ont prévalu dans cette décision. Un Général membre du Comité d'artillerie de St Pétersbourg a

émis........

émis à ce sujet l'avis suivant : « Comme unité tactique et comme unité de tir, la batterie de 6 pièces est très défectueuse comparée à la batterie de 4 pièces ; elle est même moins bonne que notre batterie ancienne de 8 pièces, à la condition de considérer cette dernière comme un groupe de 2 batteries de 4 pièces, » ce qui a été fait fréquemment au cours de la campagne.

La batterie japonaise composée de 3 sections comprenait 6 canons, 6 caissons, 1 chariot de batterie avec forge et 14 chariots à 1 cheval pour son train régimentaire. Cette organisation ne permettait de transporter que 85 coups par pièce à la batterie de tir et 45 à l'échelon de batterie, ce qui représente une puissance de feu d'autant plus limitée que le ravitaillement sous le feu fut presque impossible. « C'est donc la batterie de 4 pièces qui semble devoir fournir le maximum de rendement. »

(Commandant Payeur)

III
Artillerie de Corps.

Côté Russe. – "Dans les Corps d'armée russes, les batteries étaient entièrement réparties entre les Divisions. La guerre de Mandchourie n'a apporté de ce côté aucun argument décisif pour le maintien de l'artillerie de corps ou la répartition de toutes les batteries entre les Divisions. C'est donc seulement du côté japonais qu'on peut trouver un enseignement à ce sujet." (Général Silvestre)

Rôle des brigades "indépendantes" d'artillerie dans les armées japonaises. – Les Divisions japonaises étaient réunies en Armées sans groupement intermédiaire par Corps d'armée, mais les brigades d'artillerie, dites "indépendantes", jouaient auprès de ces armées le rôle de l'artillerie de corps.

Le Général Lombard donne à ce sujet les renseignements suivants:

"Au moment de la bataille de Moukden, la 1re Brigade était affectée à la 3e Armée et la 2e (moins un régiment) à la 2e Armée, c'est à dire aux Armées opérant en terrain plat.

A partir du moment où la 4e Armée opéra en terrain peu accidenté, un régiment de la 2e Brigade lui fut affecté en permanence.

Dans ....

"Dans l'armée, la brigade d'artillerie n'était pour ainsi dire jamais groupée. On affectait un, rarement deux régiments, à une certaine division pour une certaine opération. Ce n'est qu'exceptionnellement que quelques groupes d'artillerie indépendante étaient gardés à la disposition de l'Armée au début de la bataille; ils étaient d'ailleurs affectés rapidement à une grande unité."

Nécessité de l'artillerie de corps en temps de guerre. –

"Il résulte, du reste, des constatations du champ de bataille que l'action d'une masse importante d'artillerie sur un point déterminé produit des effets considérables, souvent d'ordre matériel, toujours d'ordre moral.

"Comme conséquence de cette expérience, les Japonais, pour la réorganisation de leur Armée qui s'effectue en ce moment, auraient adopté le principe du Corps d'armée à 2 divisions, constitué à la française avec une artillerie non endivisionnée.

"Il semble donc bien qu'il y ait intérêt à ce que le commandement ait dans la main une fraction importante d'artillerie pour la jeter dans la lutte au point et au moment voulus, d'où nécessité d'une artillerie de corps."

(Général Lombard)

Le Commandant....

Le Commandant Dayeur se montre également partisan du maintien de l'artillerie de corps qui serait, suivant les circonstances, répartie, avant le combat, entre les divisions ou même dans certains cas attribuée à un autre corps d'armée.

Nécessité de l'endivisionnement de toute l'artillerie en temps de paix. — Après avoir posé en principe la nécessité de l'artillerie de corps, le Général Lombard émet l'avis suivant:

"Le principe de la liaison des armes exige que l'artillerie soit constamment en contact intime, dès le temps de paix, avec les troupes d'infanterie. Ce desideratum étant opposé au précédent au moins en apparence, il y a lieu de se demander quel est celui qu'il importe le plus de réaliser. Sans hésiter, on doit répondre que c'est le second, c'est à dire celui de la liaison des armes. Il suffit pour acquérir cette conviction d'avoir vu combien l'artillerie japonaise, si brave et si parfaitement instruite au point de vue tactique, se montrait empruntée, hésitante, pour tout ce qui concernait son rôle tactique. Les officiers d'infanterie japonais ont insisté souvent sur ce principe salutaire de la liaisons des armes parce qu'ils avaient constaté à leur dépend qu'il n'était pas mis en pratique dans leur artillerie. L'endivisionnement

de toute ......

de toute l'artillerie en temps de paix paraît donc excellent." (Général Lombard.)

Mode d'emploi de l'artillerie de Corps en temps de guerre. — "Au contraire, en temps de guerre, puisque l'artillerie n'obtient de résultats sérieux que par l'action en masse et la concentration des feux, il est nécessaire que le Commandant du Corps d'armée puisse manifester sa volonté au moyen de forces d'artillerie non endivisionnées, directement placées dans sa main. A la mobilisation, une fraction de l'artillerie de chaque division serait, en principe, et sauf ordre contraire, à la disposition du Commandant de Corps d'armée qui en jouerait selon les circonstances en la plaçant temporairement sous les ordres du Commandant de certaines unités. Ces derniers peuvent seuls, en effet, assurer efficacement la convergence des efforts des différentes masses d'artillerie dans certaines phases du combat." (Général Lombard)

L'emploi de l'artillerie, en dehors des divisions, complique sans profit la tâche la plus difficile qui incombe à cette arme : la recherche et la répartition des positions." (

(Commandant Payeux)

En résumé, la solution préconisée par les membres de la mission rattachés aux Armées japonaises est la suivante :

En temps .....

En temps de paix ; endivisionnement de toute l'artillerie. (Général Lombard)

En temps de guerre ; donner 9 batteries à chaque division : dans la plupart des cas il en faut plus de 6 (Commandant Payeur). Constituer avec le reste une artillerie de Corps aux ordres directs du Commandant de Corps d'armée qui, au moment de son emploi, la répartit entre les divisions suivant les nécessités du combat. (Général Lombard)

Affecter cette artillerie, si les circonstances le commandent, à un Corps d'armée différent du sien. (Command^t Payeur)

IV
Commandement supérieur de l'artillerie

Le Général Lombard fournit à ce sujet les renseignements suivants : "Il a été extrêmement rare qu'une masse supérieure au régiment (6 batteries) ait été placée sous le commandement d'un même officier d'artillerie.

Il semble que les Japonais aient rencontré de grandes difficultés à assurer effectivement le commandement technique d'une masse d'artillerie supérieure au régiment, de sorte qu'ils ont à peu près renoncé à la réaliser.

"Ils obtenaient la convergence des efforts des différentes masses d'artillerie formées, d'après le terrain sur le champ de bataille, au moyen des instructions données par le Commandant d'Armée aux Commandants des divisions auxquelles ces masses étaient rattachées et des ordres donnés en conséquence par ces Commandants de division aux masses dont il s'agit.

N'oublions pas, en effet, que chaque Commandant d'armée était en communication constante par le télégraphe et le téléphone avec tous ses Commandants de division.

"Dans chacune des Armées japonaises

il y.......

il y avait un général ou un colonel commandant l'artillerie de l'armée. Cet officier avait surtout à s'occuper des questions de ravitaillement.

"Une fois seulement, sur le chaho, à la bataille de Moukden, on groupa sous sa direction un certain nombre de batteries appartenant à la Division de la Garde, à la Brigade de réserve Oumaisawa et à la 12e Division. Cette artillerie n'eut qu'un rôle insignifiant, de sorte qu'on ne peut porter un jugement sur la valeur de ce mode d'opérer.

"Ce fut la seule fois où ce fut fait.

En général, c'est impossible, et si l'on use d'un tel procédé, on risque de paralyser les batteries et le Commandement. Le mieux est d'attribuer momentanément à une unité chargée d'une mission demandant l'emploi d'une artillerie nombreuse, le nombre de batteries qu'on juge utile et de demander aux unités voisines de lui prêter l'aide de leur artillerie dans la mesure du possible.

"La concentration des feux n'est facile que pour les batteries d'un même groupement ou de groupements très voisins, mais elle se fait très suffisamment dans la pratique si le commandement a ordonné à un groupement un peu éloigné de soutenir l'attaque de telle ou telle unité. Là, comme

dans ....

dans toute chose, à la guerre, le mieux est l'ennemi du bien et il ne faut faire que des choses simples.

« L'artillerie japonaise n'a, à ma connaissance, jamais, sur le terrain, formé de groupement de batteries supérieur aux 6 batteries d'une division. La plupart du temps, le terrain ne se prêtait même pas à un groupement aussi considérable et les groupes mêmes ont dû parfois être disloqués.

« L'avis qui semblait régner à l'Armée japonaise était que le Général commandant l'artillerie est un rouage inutile et qu'il serait avantageusement remplacé par un capitaine d'artillerie adjoint à l'Etat-Major de l'Armée.

(Commandant Cayeux)

V

Batteries crées au moment de la mobilisation

"Les Japonais n'ont pas donné de renseignements sur leurs formations de réserve de l'artillerie. On présume que la IIe Armée disposait dans l'été de 1905 d'un régiment d'artillerie de campagne de l'armée territoriale. Ce qui est certain, c'est que les Japonais ont constitué peu d'unités de ce genre et qu'ils n'avaient pas confiance dans l'efficacité d'une artillerie ainsi improvisée." (Général Lombar[d])

"La valeur du personnel, son instruction, sa préparation à la guerre ont dans l'artillerie une importance plus grande que dans les autres armes. Les batteries de réserve ou obtenues par dédoublement des batteries du pied de paix doivent donc être rigoureusement exclues de l'armée active de première ligne."

(Général Silvestre)

"Les Japonais ont organisé peu de batteries de réserve. Il semble qu'ils se soient rendu compte que des batteries mal commandées et mal instruites ne sont qu'un embarras." (Commandant Payeur)

Il y a donc unanimité à apprécier comme sans valeur les batteries créées au moment de la mobilisation.

VI
Résumé - Conclusion

La proportion d'artillerie dans l'armée russe variait, suivant les Corps d'armée, de 2 à 3 canons 5 par bataillon d'infanterie. Dans l'armée japonaise, elle était au début de la campagne, de 4 pièces 5 par bataillon. Cette proportion a dû baisser à 3 pièces 8 vers la fin de la campagne.

L'artillerie était inégalement répartie entre les Armées japonaises suivant le terrain dans lequel elles avaient à opérer.

L'artillerie russe a été presque constamment dominée par l'artillerie japonaise. Ce fait peut s'expliquer au début de la campagne par l'infériorité organique de l'artillerie russe. Vers la fin de la campagne où cette artillerie était notablement plus nombreuse que son adversaire, il faut attribuer en grande partie son infériorité au défaut d'instruction du personnel et au maintien en réserve d'un grand nombre de batteries.

Le Général Silvestre réclame pour notre artillerie un nombre de pièces égal à celui des des Corps d'armée allemands.

Le Commandant Payeur trouve

insuffisante .....

insuffisante la proportion de 3 pièces par bataillon ; il croit que la Division devrait avoir 9 batteries sans préjudice de celles de l'artillerie de corps qui pourraient, peut-être, être réduites.

Le Général Lombard estime que la proportion japonaise de 4 pièces 5 par bataillon a paru suffisante en raison de l'infériorité de l'artillerie russe mise en action.

Tout en reconnaissant les avantages de la batterie à 4 pièces, le Général Silvestre propose que l'augmentation de l'artillerie soit réalisée par l'augmentation à 6 pièces de notre batterie actuelle, en vue de permettre de faire participer toutes les batteries aux manœuvres d'automne avec 4 pièces au moins.

Le Commandant Gayeur émet l'avis que c'est la batterie de 4 pièces qui doit fournir le maximum de rendement. Cette opinion est corroborée par un rapport du Général Moulin.

Les membres de la Mission française du côté japonais se prononcent en faveur d'une artillerie de corps aux ordres directs du Commandant de Corps d'armée qui la répartirait entre les divisions suivant les nécessités du combat.

Cette artillerie pourrait même, dans certains cas, être affectée à un Corps

d'armée......

d'armée différent du sien.

En temps de paix, elle serait endivisionnée en vue de préparer sa liaison intime avec l'infanterie.

Les Japonais n'ont pour ainsi dire jamais placé de très grandes masses d'artillerie sous le commandement d'un même officier d'artillerie. Le groupement maximum était le régiment (36 pièces).

Le Général Commandant l'artillerie de l'Armée s'occupait surtout du ravitaillement. La nécessité de cet emploi paraît discutée dans l'armée japonaise.

L'opinion des Officiers rentrant de Mandchourie est unanime en ce qui concerne le manque de valeur des unités d'artillerie créées à la mobilisation.

www.ingramcontent.com/pod-product-compliance
Lightning Source LLC
LaVergne TN
LVHW010250230826
846091LV00007B/2890
* 9 7 8 2 0 1 9 2 2 5 0 1 8 *